Dimiter Inkiow · Rolf Rettich

WAS KOSTET DIE WELT?

Geschichten ums Geld

Orell Füssli

Vor sehr langer Zeit gab es kein Geld.
Nicht, weil das Geld abgeschaffen wurde.
Nein.
Damals wußten die Menschen nicht, was Geld ist, denn sie hatten das Geld noch nicht erfunden.
Die Menschen lebten in Höhlen.
Sie waren Jäger oder Fischer.
Sie sammelten Pilze und eßbare Beeren und Wurzeln.
So ging das Jahrhunderte und Jahrtausende.
Mit der Zeit wurden die Menschen immer bessere Jäger,
immer bessere Fischer,
immer bessere Pilze- und
Beeren- und Wurzelsucher.
Sie wurden auch immer bessere Töpfer.
Eines Tages begannen sie, ihre Waren zu tauschen.

Hase gegen Fisch

«Weißt du was?» fragte der Fischer Otto seine Frau. «Ich habe es satt, nur Fische zu essen. Montag Fisch, Dienstag Fisch, Mittwoch Fisch, Donnerstag Fisch, Freitag Fisch, Samstag und Sonntag Fisch. Fische zum Frühstück, Fische zum Mittagessen und auch zum Abendessen Fische. Das halte ich nicht mehr aus. Kannst du nicht etwas anderes auf den Tisch bringen?»
«Was soll ich denn machen?»
«Zum Beispiel Wild.»
«Wie kann ich Wild braten, wenn du nur Fische bringst?»
«Was soll ich anderes bringen? Ich kann nur fischen.»
«Ja, siehst du! Wenn du einen Hasen bringst, dann werde ich dir einen Hasen braten. Aber du bringst nur Fische.»
«Ich bin ein Fischer.»
«Dann wirst du auch nur Fische essen.»
Jetzt lagen sich beide in den Haaren, und man konnte den Krach weithin hören.

Auch in der Nachbarhöhle gab es Krach.
«Weißt du was?» sagte der Jäger Botto zu seiner Frau.
«Ich habe es satt, nur Wild zu essen. Montag Wild, Dienstag Wild, Mittwoch Wild, Donnerstag Wild, Freitag Wild, Samstag und Sonntag Wild. Wild zum Frühstück, Wild zum Mittagessen und auch zum Abendessen Wild. Ich halte das nicht mehr aus. Kannst du nicht etwas anderes kochen?»
«Was denn anderes?» fragte seine Frau.
»Zum Beispiel Fisch.»
«Fisch? Woher soll ich den Fisch kriegen? Du kannst ja gar nicht fischen. Du hast mir noch nie einen Fisch nach Hause gebracht. Wie sollte ich dir einen Fisch kochen?»

Was sollte der Jäger Botto tun?
Er erinnerte sich plötzlich an den Fischer Otto und dachte: ‹Wenn ich dem Fischer Otto einen Hasen gebe – vielleicht gibt er mir einen Fisch.›

An jenem Tag hatte der Jäger keinen Hasen, weil er den einzigen, den er erlegt hatte, schon zusammen mit seiner Frau gegessen hatte. Er dachte: ‹Morgen werde ich mir Mühe geben. Ich werde versuchen, zwei Hasen zu erwischen. Einen davon werde ich Otto bringen und dafür von ihm einen Fisch verlangen.›

Gesagt – getan.
Der Fischer Otto freute sich riesig über den Tausch. Endlich würde es Hasenbraten geben! Auch der Jäger Botto freute sich riesig. Endlich würde er Fisch zu essen bekommen!

Einige Frauen aus dem Dorf, die jeden Tag Pilze und Beeren sammelten, hörten davon, daß der Fischer und der Jäger sich regelmäßig trafen, um Wild gegen Fisch zu tauschen.
«Wir möchten auch tauschen», sagten sie zueinander. «Warum sollen wir immer nur Beeren und Pilze essen?»
Sie gesellten sich zu Otto und Botto, als diese sich wieder einmal trafen, um Fische gegen Hasen zu tauschen.
Und so entstand der erste Markt – ein Tauschmarkt, weil es noch kein Geld gab. Der Tauschhandel war geboren.

Ein kluger Mann braucht flinke Beine

Tauschhandel trieben die Menschen Jahrhunderte lang. Sie tauschten Getreide gegen Felle, Schafe gegen Wein, Töpfe gegen Waffen. Die Märkte glichen damals Ameisenhaufen. Die Leute waren mit Waren beladen, sie liefen durcheinander und sie riefen durcheinander.

«Tausche Hase gegen Kochtopf», rief der tüchtige Jäger Botto laut und zeigte seinen Hasen hoch über seinem Kopf nach allen Seiten. Aber es gab niemanden, der ihm einen Kochtopf anbot.

Nicht, daß es keine Kochtöpfe auf dem Markt gab.
Es gab mehrere.
Doch eine Frau, die Kochtöpfe anbot, wollte dafür Wolle haben.

Eine andere Frau wollte für ihre Töpfe
Bottos Pfeil und Bogen haben.
Der Jäger Botto aber war nicht bereit,
sich von Pfeil und Bogen zu trennen.
Womit sollte er dann jagen?

So lief er weiter über den Markt und rief noch lauter: «Tausche einen prächtigen Hasen gegen einen Kochtopf.»
«Hase gegen Kochtopf!»
Da hörte er plötzlich eine andere Stimme rufen:
«Kochtopf gegen Hase. Kochtopf gegen Hase.»
«Hier!» rief Botto, und er lief der Stimme nach.
Er traf einen anderen Jäger, der ebenfalls einen Kochtopf suchte. So standen sie sich gegenüber und waren beide sehr enttäuscht.

Nach langem Herumlaufen hatte Botto
niemanden gefunden, der einen Kochtopf
gegen einen Hasen tauschen wollte.
Dafür fand er einen Mann, der bereit war,
einen Korb Fische
gegen zwei Hasen zu tauschen.

Botto war ein kluger Mann.
Es dämmerte ihm, was er machen konnte.
Er holte den Jäger, der auch einen Hasen gegen einen Kochtopf tauschen wollte, und tauschte die beiden Hasen gegen den Korb mit den Fischen.

Er fand auch einen Schäfer, der bereit war, Wolle gegen Fische zu tauschen.
Schließlich fand er eine Frau, die bereit war, Töpfe gegen Wolle zu tauschen, denn sie wollte eine Jacke stricken.

Mit dem Korb voller Fische gingen beide zu dem Schäfer und tauschten diese gegen die Wolle. Mit der Wolle gingen sie zu der Frau mit den Kochtöpfen. Endlich bekamen sie die ersehnten Kochtöpfe, dafür zitterten ihnen die Beine vor Müdigkeit.

Botto wischte sich den Schweiß von der Stirn und war dennoch zufrieden.
Laut sagte er: «Gut, daß ich so klug bin!»

Reiche Leute haben es schwer

Eines Tages erlegte der Jäger Botto nicht eines, sondern gleich fünf Rehe. Das war ein großer Tag, und er hüpfte um die Rehe herum vor Freude. So viele Rehe auf einmal hatte er noch nie gehabt! Doch dann verging ihm die Freude, denn die Tiere mußten nach Hause in seine Höhle geschleppt werden. Das war eine Mordsarbeit. Botto war vom Schwitzen naß, als er zu Hause war, wie frisch gebadet. Er fragte sich: ‹Was soll ich mit fünf Rehen anfangen?›
«Tausche sie!» riefen seine Frau und seine Kinder.
Für fünf Rehe konnte Botto eine Menge Sachen kriegen, denn fünf Rehe waren fünf Felle und eine Menge Fleisch.
«Die Rehe müssen ausgenommen und schnell getauscht werden», sagte Botto zu seiner Frau. «Es ist Sommer, es ist heiß, sie werden rasch schlecht. Ich muß für sie etwas verlangen, was sich lange hält.»

Aber was hält sich lange?
Metall. Eisen oder Bronze.
Das konnte er immer gut brauchen; für seine Pfeilspitzen oder Messer oder andere Werkzeuge. Denn Botto war nicht nur ein guter Jäger. Er war auch – wenn er Lust hatte zu arbeiten – ein guter Schmied. So schleppte Botto die fünf Rehe auf den Markt und tauschte sie gegen zwei Eisenbarren. Er legte die Eisenbarren in seine Höhle und dachte plötzlich:
«Wenn ich sehr viele solcher Eisenbarren habe, dann bin ich ein reicher Mann.»

Das stimmte. In den nächsten Jahren setzten sich die Eisenbarren und die Bronzebarren als Geld durch. Auf den Märkten waren die Leute bereit, ihre Ware dagegen zu tauschen. Aber für die reichen Leute war es nicht leicht, ihr schweres Geld zum Markt mitzunehmen, wenn sie einkaufen wollten.
Sie schleppten die Eisen- oder Bronzebarren und schwitzten und dachten:
‹Es wäre viel besser, wenn sie ein bißchen leichter wären.›

Wie der große König Krösus die Goldmünzen erfand

Neben Eisenbarren und Bronzebarren setzte sich mehr und mehr ein anderes Metall als Zahlungsmittel durch: das Gold. Der lydische König Krösus machte 700 Jahre v. Chr. das Gold durch ein Gesetz zum Geld.

«Alle meine Untertanen müssen ihre Steuern in Gold entrichten», befahl er. Und er schickte seine Soldaten in alle Himmelsrichtungen, um Gold für sich eintreiben zu lassen.

«Wenn der große König Krösus Gold sammelt, dann muß das Gold etwas sehr kostbares sein», sagten die Leute. Jetzt begann jeder, das Gold noch mehr zu schätzen. Als Goldkugeln, Goldlinsen, Goldpfropfen, kleine Goldsteine ging es von Hand zu Hand.

Einmal wollte der König Krösus mit Ösus, dem General seiner Leibgarde, sprechen. Da kam der Diener, den er zu ihm schickte, mit der Nachricht zurück:
«Ösus liegt im Bett, Majestät. Mit vielen Kopfwunden und einer gebrochenen Hand. Ganz schlimm sieht er aus.»
Darauf wollte Krösus mit Rösus, seinem Finanzminister, sprechen. Aber der Diener, den er nach ihm schickte, kam mit der Nachricht zurück:

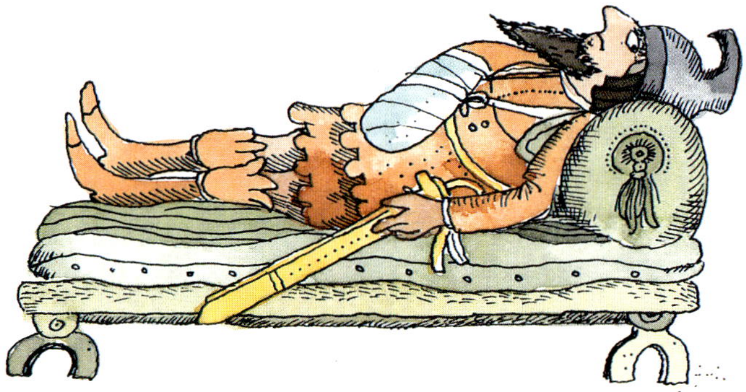

«Rösus liegt im Bett, Majestät. Mit vielen Kopfwunden und einem gebrochenen Bein. Schlimm sieht er aus.»
Der König fragte erstaunt:
«Was ist mit den beiden passiert?»
«Man erzählt in der Stadt, General Ösus und Minister Rösus hätten sich auf dem Sklavenmarkt geprügelt», flüsterte ihm der Diener zu.
«Wie bitte?»

«Ja, sie haben sich auf dem Sklavenmarkt geprügelt.»
«Aber warum denn?»
«Das weiß ich nicht genau.»
Ein General und ein Finanzminister, die sich gegenseitig ein Bein und eine Hand brechen? Der mächtige König Krösus wurde zornig und befahl:
«Her mit den beiden! Und zwar sofort!»
General Ösus und Minister Rösus mußten vor König Krösus erscheinen, obwohl der eine ein gebrochenes Bein und der andere eine gebrochene Hand hatte, obwohl die Gesichter mit Beulen und blauen Flecken übersät waren und jeder ein blaues Auge hatte.

«Was ist geschehen?» donnerte der König. «Ich will die Wahrheit hören. Sonst hänge ich euch beide auf!»
«Du», wandte er sich an seinen General, «hast einem Minister das Bein gebrochen. Wie wird er in den nächsten Tagen seiner Arbeit nachgehen? Er wird wochenlang krank sein. Das ist für mich ein großer Verlust.»
«Und du», wandte er sich an seinen Finanzminister, «hast dem General meiner Leibgarde die Hand gebrochen. Eine Hand, die deinen König schützen soll. Ist dir klar, was für eine Strafe du verdienst? Erzähl, wie alles passiert ist.»

«Es war so», begann General Ösus, «ich wollte heute morgen einige Sklaven kaufen. Ich ging zum Sklavenmarkt, und dort traf ich Rösus, der fünf seiner Sklaven verkaufte. Stimmt's?»
«Stimmt», nickte der Finanzminister.
«So war es.»
«Die Sklaven waren jung und kräftig, und um den Preis waren wir uns bald einig. Stimmt's?»
«Stimmt. So war es.»
«Warum habt ihr euch dann geprügelt, wenn der Handel gut klappte?»
«Der Handel klappte, Majestät, aber nicht die Bezahlung. Als ich, wie vereinbart, mit fünf Goldbarren bezahlen wollte, holte Rösus eine Waage und Gewichte und wollte die Goldbarren wiegen, obwohl das Gewicht auf jeden Goldbarren eingestempelt war.»
«Natürlich wollte ich sie wiegen,» bekräftigte der Finanzminister. «Das macht doch jeder!»
«Für mich war das eine Beleidigung!» rief der General. «Meinte er, ich wollte ihn betrügen? Ich zeigte ihm, daß das Gewicht auf jedem Goldbarren eingestempelt ist. Er wollte aber trotzdem die Goldbarren wiegen. Ich erklärte ihm, daß ich sie auch nicht gewogen hätte, als ich sie bekam. Ehrliche Geschäftsleute sollen sich vertrauen. Da lachte er und sagte...
Sag's selber, was du gesagt hast!»

«Ich sagte, daß ich genug Händler kenne, die Gold von gestempelten Goldbarren abfeilen und aus zehn Goldbarren einen elften machen», sagte der Finanzminister.
«Da hab ich zugeschlagen!»
«Und ich schlug zurück.»
«Halt!» sagte der König nachdenklich, «feilen die Händler wirklich Gold von gestempelten Barren ab?»
«Aber natürlich, Majestät», erklärte der Finanzminister. «Sie betrügen sich gegenseitig. Darum laufen viele Käufer und Verkäufer auf dem Markt mit einer Goldwaage unter dem Arm und Gewichten in der Tasche herum, und oft kommt es zu Prozessen und Prügeleien. Wenn die Gewichte der Goldbarren stimmten, würde es den Handel sehr erleichtern.»

«Das läßt sich machen!» sagte Krösus. «Was meint ihr, wenn ich Goldstücke prägen lasse, alle mit dem gleichen Gewicht? Sie sollen auf der einen Seite mein Wappen, einen Löwenkopf, zeigen. Auf der anderen Seite steht meine Bürgschaft für das Gewicht.»
«Das wäre eine große Sache, Majestät.»

So wurde das Goldgeld geboren.
Die Goldstücke, die König Krösus prägen ließ, sind die ersten, von denen wir wissen. Man kann sie heute noch in vielen Museen bewundern.
König Krösus begnadigte seinen Minister und seinen General, weil er meinte, daß beide recht hatten. Der Minister hatte recht, weil er die Goldbarren wiegen wollte. Der General hatte auch recht, sich durch diesen Wunsch beleidigt zu fühlen.
König Krösus wurde unermeßlich reich, und bis heute ist das Sprichwort geblieben:

Reich wie Krösus

Der unsichtbare Dieb

Einmal ritt ein junger Offizier mit zwei Ledersäcken voller Goldrubel, die an beiden Seiten an seinem Sattel hingen, durch den Schnee. Er war auf dem Weg nach Moskau. Hinter ihm ritten seine Soldaten. Zehntausend Goldrubel - Steuergelder aus Sibirien - mußten dem russischen Herrscher gebracht werden. Das Gold war schwer, und das Pferd mußte jeden Tag zweimal ausgewechselt werden. Die Reiter konnten es kaum erwarten, endlich in Moskau anzukommen, das Geld abzugeben und sich auszuruhen. Der Offizier tröstete sich:
«Der Schatzmeister wird sich freuen, wenn er sieht, wieviel Steuern ich aus Sibirien mitbringe. Zehntausend Goldrubel! Er wird es dem König sagen. Dann wird er mich befördern. Oder er wird sagen ‹Nimm dir eine Handvoll Goldrubel als Belohnung›.»
Kling - klang - klong ... Beim Reiten konnte der Offizier den Klang der Goldmünzen hören.

Aber er täuschte sich. Als er in der Schatzkammer ankam, merkte er, daß dort große Aufregung herrschte. Der König, der wegen seiner Wutausbrüche der Schreckliche genannt wurde, war persönlich bei der Steuerabgabe anwesend. Und er war keineswegs guter Laune.
Der Offizier stellte sich vor:
«Hier sind die Steuergelder aus Sibirien, Majestät. Zehntausend Goldrubel.»
Seine Soldaten legten die schweren Säcke dem König vor die Füße. Er überprüfte das Siegel an jedem Sack.
«Die Siegel sind in Ordnung», murmelte er, «jetzt werden wir sehen, ob das Geld auch stimmt...»
Er brach die Siegel und öffnete die Säcke, nahm eine Handvoll Goldmünzen heraus und ließ sie durch die Finger in den Sack zurückfallen. «Wieviele sind wirklich drin?» fragte er. «Es sind genau fünftausend Rubel in jedem Sack, Majestät. Das Geld wurde dreimal gezählt.»
Der König lachte:
«Und du weißt natürlich nicht, wieviel Goldrubel in den Ärmeln der Beamten verschwanden, die sie zählten?» fragte er scheinbar ruhig. Dann donnerte er los: «Aber ich kann es sofort feststellen. Ich brauche die Münzen nur zu wiegen. Leg sie auf die Waage!»
Die Goldrubel wurden aus den Säcken geschüttet und in eine Waagschale gelegt.
«Jetzt die Gewichte!» befahl der König.
Zehn Gewichte wurden gebracht: eines für je tausend Rubel. Es wurde mäuschenstill, als sie in die andere Waagschale gelegt wurden. Beim zehnten Gewicht ging die Schale mit dem Geld langsam nach oben. Das Geld war leichter. Es mußten Rubel fehlen. «Meine Offiziere sind Diebe!» donnerte der König. «Das sind keine zehntausend Goldrubel.»
Der Offizier wurde blaß im Gesicht:
«Aber ich schwöre, Majestät. Ich habe das Geld dreimal gezählt.»

«Ich werde dir zeigen, wieviel Geld fehlt», donnerte wieder der König.
Er griff zu einer Geldschatulle, nahm eine Handvoll Goldrubel und begann, sie nacheinander in die Waagschale zu werfen.
«Eins... zwei... drei... vier!» Beim achtzehnten Goldrubel zeigte das Zünglein der Waage Gleichgewicht an.
«Achtzehn Goldrubel fehlen!»
«Aber das ist unmöglich, Majestät.»
«Wem soll ich glauben, dir oder der Waage?» fragte der russische Herrscher und befahl:
«Bringt ihn ins Gefängnis, bis er seine Schuld zugibt!»
So mußte der arme Offizier ins Gefängnis, und das nach einem Ritt von drei Wochen. Im Gefängnis traf er andere Goldkuriere. Bei jedem hatte Geld gefehlt, und jeder schwor, daß er sich niemals an den Säcken vergriffen habe. War ein unsichtbarer Dieb am Werk, der trotz Siegel das Geld aus den Säcken stahl? Oder stimmten die Gewichte nicht?

Die ganze Sache klärte sich nach einer Woche auf, als der Schatzmeister von seiner Reise zurückkam. Der faßte sich an den Kopf, als er hörte, was passiert war, und ging sofort zum König.
«Es fehlt kein einziger Goldrubel, Majestät. Die Goldrubel, die im Umlauf sind, werden mit der Zeit leichter, weil sie sich abnutzen. Aus den Ledersäcken, in denen das Geld transportiert wurde, habe ich drei Suppenlöffel voll Goldstaub rausgeholt. Die armen Offiziere sitzen zu unrecht im Gefängnis. Ich würde sagen, Majestät, Ihr laßt einmal die Münzen nachzählen.»
Der König fragte erstaunt:
«Wozu haben wir dann eine Goldwaage und die Gewichte?»
«Nur für neue Münzen, Majestät, nur für Münzen, die gerade hergestellt worden sind.»
«Und das andere Geld wird mit der Zeit immer leichter?»
«Ja – je länger es im Umlauf ist.»
«Das ist aber schlimm. Dann ist ein neuer Goldrubel mehr wert als ein alter, weil er schwerer ist?»
«So ist es. Leider.»
«Kann man nichts dagegen tun?»
«Natürlich kann man das. Wenn man Papiergeld in Umlauf bringt. Ich weiß, daß es in vielen Ländern Europas so etwas gibt. Die Goldmünzen bleiben dafür in der königlichen Schatzkammer. Auf jedem Papierschein steht geschrieben, wieviel Goldmünzen er wert ist. So wandern die Goldmünzen nicht von Hand zu Hand und von einer Tasche in die andere, und sie verlieren nicht an Gewicht.»
«Du meinst, die Leute werden bereit sein, ihre Schafe, ihren Weizen, ihre Pferde gegen wertloses Papier zu verkaufen?»
«Majestät, wenn Ihr auf ein Stück Papier schreibt: An meinen Schatzmeister. Gebt dem Überbringer einhundert Goldrubel. Unterschrift: ‹Ivan – Herrscher mit Gottes Gnaden von Rußland›, – ist dieses Papier dann wertlos?»
«Natürlich nicht.»
«Genau so ist das mit dem Papiergeld, Majestät. Auf jedem Schein steht geschrieben, daß der König und sein Schatzmeister für seinen Wert geradestehen. Und wer es nicht glaubt, kann den Schein gegen echte Goldmünzen beim königlichen Schatzamt eintauschen.»
«Das ist eine gute Idee», nickte der König.
«Aber meinst du, wir müssen dann auch die Steuern in diesem wertlosen Papier einsammeln?»

Zu jener Zeit war es für einen Herrscher nicht leicht zu verstehen, daß Papiergeld kein wertloses Papier war. Das Papiergeld setzte sich dennoch in Rußland durch, genauso, wie überall auf der Welt.

Papiergeld brennt – der König gewinnt

Einige Monate waren vergangen, seit in Rußland das Papiergeld eingeführt worden war. Eines Tages stürzte ein Mann in den Palast und warf sich dem König zu Füßen. Seine Kleidung war teilweise verbrannt.
«Majestät, bei mir hat es gebrannt», rief er. «Ich bin ruiniert.»
«Und was habe ich damit zu tun?» fragte der König. «In Rußland brennen täglich tausend Häuser. Ich kann nicht jedem helfen.»
«Das weiß ich, Majestät. Aber das Papiergeld, das ich zu Hause hatte, ist auch verbrannt.»
Er holte Papierasche aus seiner Manteltasche: «Das waren eintausend Rubel! Ein Vermögen! Und jetzt – Asche! Nichts weiter als Asche!»
«Das sehe ich ...»
«Majestät, in Wirklichkeit sind meine Goldrubel doch gar nicht verbrannt. Die liegen in der Schatzkammer. Stimmt's? Darum dachte ich, wenn ich hierher komme und Euer Majestät die Asche zeige, werdet Ihr befehlen, daß der Schatzmeister mir neue tausend Goldrubel in Geldscheinen gibt.»
«Wie meinst du das?»
«Ganz einfach, Majestät, Papier hat gebrannt, nicht das Gold. Mein Gold ist heil. Es liegt in Eurer Schatzkammer.»
Der russische Herrscher überlegte.
«Ich muß mit dem Schatzmeister reden.»
Der Schatzmeister wurde geholt. Er meinte: «Das geht nicht, Majestät. Wo kommen wir hin, wenn wir jedem, der kommt und erzählt, sein Geld sei verbrannt, neue Geldscheine geben? Wenn früher Räuber jemandem sein Gold abgenommen haben, dann hat ihm auch keiner das Gold zurückgegeben.»
Der König wandte sich zum Bittsteller.
«Du hast gehört. Wo komme ich hin, wenn ich jedem, der erzählt, sein Papiergeld sei verbrannt, neues Geld gebe? Morgen würden Tausende zu mir kommen und Geld verlangen.»
«Aber bei mir hat es wirklich gebrannt, Majestät. Das können alle Nachbarn bezeugen.»
«Und wer kann bezeugen, daß du genau tausend Rubel zu Hause hattest?» fragt der Schatzmeister.
«Aber ich schwöre es!»
«Gib ihm hundert Rubel», sagte der König.
«Damit er sieht, daß er einen guten König hat.»

Als der Bittsteller gegangen war, schaute der König seinem Schatzmeister in die Augen und fragte:
«Nimm einmal an, seine Geschichte stimmt, haben wir einen Verlust, wenn Geldscheine verbrennen?»
«Ihr nicht, Majestät», lachte der Schatzmeister. «Ganz im Gegenteil, Ihr habt gewonnen. Der Mann hat ja recht. Das Gold, das diese Scheine darstellen, liegt weiter heil und sicher in unserer Schatzkammer.»

Wie ein König alle Menschen reich machen wollte

Der König, von dem ich jetzt erzähle, war ein Menschenfreund. Deshalb wollte er alle seine Untertanen reich und glücklich machen. Er überlegte lange und dann entschied er sich: ‹Ich möchte, daß mein Volk das reichste Volk der Erde wird. Denn was ist schon Geld? Nichts anderes als Papier. Darum befehle ich, daß ab heute alle Druckereien im Lande nur Geldscheine drucken und keine Bücher mehr. Jeder Bürger meines Reiches soll jeden Montag ein Päckchen mit Geldscheinen vom Postboten bekommen. Ein königliches Geschenk. Auf diese Weise wird es keine Armut mehr geben, und alle werden zufrieden sein.›

Der Schatzmeister des Königs meinte, daß so etwas nicht gutgehen könnte. Aber der König war von seiner Idee fest überzeugt. «Solange es Papiergeld gibt, ist noch niemand zur Schatzkammer gekommen, um es gegen Gold einzutauschen. Darum ist es gar nicht schlimm, wenn es mehr Papiergeld unter dem Volk gibt, als Gold in der Schatzkammer ist.»

Als die Leute die ersten Päckchen bekamen, dachten sie an einen Aprilscherz. Aber das Ganze stimmte.
«Es lebe der König!» riefen sie begeistert und stürzten sich auf den Markt. Die Frauen liefen zum Schneider, um sich neue Kleider zu bestellen. Die Männer kauften Tabak und Wein. Im Nu waren alle Waren ausverkauft.

Die Kaufleute erhöhten die Preise. Aber das störte niemanden, weil am nächsten Montag wieder jeder ein Päckchen mit Geld bekam. Die Menschen wußten: so würde es immer weitergehen. Darum wollte auch niemand mehr arbeiten.

Drei Wochen später saß der gute König vor einem leeren Frühstückstisch.
«Wo ist mein Frühstücksei?» fragte er.
«Es gibt im ganzen Königreich kein Ei zu kaufen», antwortete zitternd sein Koch. «Ich habe eine Million für ein Ei geboten. Aber niemand wollte mir eines verkaufen.»
«Komisch», sagte der König. «Und wo ist mein Kaffee?»
«Es gibt keinen Kaffee im ganzen Königreich», antwortete der Koch.
«Ich habe fünfzig Millionen für ein Pfund Kaffee geboten. Aber niemand wollte mir auch nur ein Gramm verkaufen.»
«Komisch», sagte der König. «Gibt es auch keine Brötchen?»
«Nein, Majestät. Ich kann Euch nur eine Tasse Wasser servieren. Leider kalt, denn es gibt auch kein Holz zum Heizen. Ich habe einen Sack voll Papiergeld geboten, doch niemand wollte mir Holz verkaufen. Aber, Majestät, ich habe eine Idee. Ich könnte mit dem Papiergeld den Herd einheizen. Papiergeld ist das einzige, was wir im Überfluß haben.»
So konnte der gute König die Menschen doch nicht reich machen, wie er sich das vorgestellt hatte. Die Geldscheine aus Papier waren wertlos geworden. Die Waren zum Kaufen gingen zu Ende. Denn alles: Weizen, Brot, Zucker, Salz, Fleisch, Felle, Wolle, Töpfe, Werkzeug – entstand nur durch Arbeit.
Das Volk konnte also nur durch Arbeit reich werden, nicht durch geschenktes Geld. Und das Geld mußte durch die Arbeit der Menschen entstehen.

Vier Männer auf einer Bank

Vier kluge, reiche Männer saßen einmal auf einer Bank und sprachen miteinander.
«Wißt ihr was», sagte der eine, «es gibt so viele Leute, die ihr gespartes Geld zu Hause horten. Sie verstecken es in alten Strümpfen, in Kopfkissen oder unter Matratzen. Sie haben Angst, ausgeraubt zu werden. Und was machen die Einbrecher? Sie durchwühlen natürlich die Kopfkissen und Matratzen, oder sie suchen nach alten Strümpfen. Ist es nicht schlimm, daß die ärmsten Menschen am leichtesten ausgeraubt werden können?»
«Na ja», sagte der zweite Mann, «nicht alle Leute können sich wie wir Panzerschränke zu Hause leisten. Wozu auch?»
«Aber wir können daraus ein Geschäft machen», sagte der dritte Mann. »Wir können allen kleinen Sparern anbieten, ihr Geld bei uns in einbruchsicheren Panzerschränken aufzubewahren. Natürlich gegen eine kleine Gebühr.»
«Glaubst du, die Leute werden bereit sein, Geld dafür zu bezahlen, daß man ihr Geld aufbewahrt?»
«Dann sind sie doch vor Räubern sicher!»
Die vier Männer überlegten lange.
«Wir brauchen nicht einmal die Gebühr für's Geldaufbewahren zu verlangen», rief plötzlich der vierte Mann, der der Klügste von allen war. »Wir werden den Leuten, die uns ihr Geld zur Aufbewahrung überlassen, sogar ein Geldgeschenk dazugeben.»
«Bist du denn verrückt?» riefen die drei anderen. «Das wird ein reines Verlustgeschäft!»
«Ganz in Gegenteil», erwiderte der vierte Mann. «Das wird ein Riesengeschäft, das größte in der Welt.»
«Aber wo siehst du das Geschäft?»
«Das Geld, das wir aufbewahren, werden wir an andere Leute verleihen, an solche, die welches brauchen.»
«Aber wenn die Leute ihr Geld zurückverlangen?»
«Wir werden es zurückgeben.»
«Woher, wenn wir es doch verliehen haben?»
«Wir verleihen nicht das ganze Geld. Nur einen Teil davon. Und noch etwas möchte ich euch sagen: Wenn jemand sein Geld zur Aufbewahrung gibt, denkt er nicht daran, es bald zu verbrauchen. Je länger einer sein Geld bei uns liegen läßt, desto größer wird das Geldgeschenk, das er jedes Jahr von uns kriegt. So wird er es nicht eilig haben, sein Geld zurückzuverlangen. Ein gutes Geschäft, sage ich euch. Und an guten Geschäften wollen alle verdienen, das wissen wir!»
Der Plan begeisterte die Männer.
«Wir werden das Geld viel billiger verleihen als die Geldverleiher», sagten sie zueinander. «So werden die Leute, die sich Geld leihen möchten, alle zu uns kommen.»
«Ausgezeichnet, ich wollte den Geldverleihern, diesen Halsabschneidern, schon immer eins auswischen», lachte der vierte Mann. «Freunde, wenn wir uns zusammentun, werden wir es schaffen. Dann lasse ich mitten in der Stadt ein großes Haus bauen, mit dicken Wänden und Panzerschränken im Keller, die kein Räuber öffnen kann.»
«Wir machen mit!» riefen die anderen.
Dann überlegten sie:
«Das Haus muß natürlich einen Namen haben. Wie nennen wir es?»
«Wir sitzen hier zusammen auf einer Bank», sagte der Vierte. «Unser Geschäft werden wir zusammen führen – nennen wir es doch ‹Die Bank›!»
So wurde die erste Bank der Welt gegründet. Als die Leute erfuhren, daß dort ihr Geld sicher aufbewahrt wurde und sie noch Geldprämien dazu bekamen, stürmten sie die Bankschalter. Banken entstanden überall auf der Welt. Sie wurden ein großes Geschäft, das größte der Welt. Und so ist es bis heute geblieben, weil davon alle Gewinn haben: diejenigen, die eine Bank gründen, diejenigen, die den Banken Geld anvertrauen und auch diejenigen, die sich Geld bei einer Bank leihen.

Drei Männer bauen ein Haus

Drei junge Männer saßen einmal in einer Wirtschaft und schimpften über die Banken.
«Ich habe mir letztes Jahr ein Auto gekauft», erzählte der eine. «Natürlich brauchte ich einen Kredit. Ich ging zur Bank. Und wißt ihr, wieviel Zinsen ich bezahlen mußte? Ich ägere mich noch heute, wenn ich daran denke. Die Banken, sage ich euch, beuten uns aus.»
«Genau so ist es», nickten die zwei anderen zustimmend. «Darum wollen wir mit den Banken nichts mehr zu tun haben.»
Jeder nippte an seinem Glas. Dann sagte der erste Mann:
«Freunde, ich habe beschlossen, die Stadt zu verlassen und Bauer zu werden. Ein Grundstück habe ich schon. In einem Dorf ganz in der Nähe. Nächste Woche will ich mit dem Hausbau beginnen, und in drei Jahren werde ich damit fertig sein. Das habe ich genau ausgerechnet.»
«Mensch, ich wollte euch genau das gleiche sagen», rief der zweite. «Auch ich habe beschlossen, aufs Land zu ziehen. Ich werde nächste Woche mit dem Bau eines Hauses beginnen und drei Jahre brauchen, bis es fertig ist.»
«Komisch», sagte der dritte. «Ich bin auch gerade dabei, aufs Land zu ziehen. Ich werde nächste Woche ebenfalls mit dem Bau eines Hauses beginnen und hoffe, genau wie ihr in drei Jahren fertig zu sein.»
Sie tranken wieder aus ihren Gläsern. Dann sagte der erste Mann: «Ich habe eine tolle Idee. Warum tun wir uns nicht zusammen? Wenn wir die Häuser gemeinsam bauen, eines nach dem anderen, wird das erste Haus schon nach einem Jahr fertig, und ich kann einziehen.»
«Stimmt», nickte der zweite. «Das zweite Haus wird nach zwei Jahren fertig, und ich kann einziehen.»
«Und was ist mit mir?» fragte der dritte Mann.
«Dein Haus bauen wir anschließend», sagten die beiden anderen. «Du wirst in drei Jahren einziehen, wie du es geplant hast.»
«Sag mal, spinnt ihr?» wehrte sich der Dritte.
«Wenn wir uns zusammentun, gewinnt jeder von euch Zeit, nur ich nicht. Ich soll derweil in der Stadt leben und weiter teure Miete bezahlen?»
Sie überlegten scharf, denn was der dritte Mann sagte, stimmte. Plötzlich kam einem die Idee: «Freunde, es ist klar: Wenn wir uns zusammentun, dann gewinnen die ersten zwei. Nur der dritte ist im Nachteil. Der erste gewinnt zwei Jahre, der zweite ein Jahr. Wenn der erste dem dritten nun aber eine Jahresmiete bezahlt, gewinnen alle gleichviel. Stimmt's?»
«Stimmt», nickten die anderen.
So haben sie sich verständigt, und sie begannen mit dem Bauen. Nach einem Jahr zog der erste Mann in sein neues Haus ein, und er war sehr glücklich.

Nach zwei Jahren zog
der zweite Mann in sein Haus ein,
und auch er war glücklich.

Erst nach drei Jahren zog
der dritte Mann in sein neues
Haus ein. Aber er war auch
glücklich, weil er ein ganzes
Jahr Miete von dem ersten
Mann bekommen hatte.

Die drei jungen Männer trafen sich wieder in der Wirtschaft.
«Weil wir uns zusammengetan haben, hat jeder von uns ein ganzes Jahr gewonnen», sagten sie zueinander. «Das ist ein guter Grund zum Feiern.»
«Gut, daß wir so klug waren», meinte der erste.
«Waren wir wirklich so klug?» fragte der zweite. «Ich habe mir überlegt, mit einem Kredit von der Bank hätte jeder von uns noch mehr gewonnen. Denkt mal nach: Wir haben drei Jahre gebraucht, damit jeder von uns ein Haus hat. Wenn jeder von uns Geld gehabt hätte, um zwei Arbeiter zu bezahlen, hätte er schon nach einem Jahr sein Haus gehabt. Dann hätte er keine Miete mehr zu zahlen brauchen. Außerdem hätte er zwei Jahre mehr Zeit gehabt, um Geld zu verdienen. So hätte er den Kredit bald zurückbezahlt. Ich sage euch, das wäre ein noch größerer Gewinn gewesen.»
Die beiden anderen hörten schweigend zu.
«Du hast recht», sagte der dritte. «Mit einem Kredit gewinnt man etwas, das mit Geld nicht zu bezahlen ist: Zeit.»
«Und die Banken», fuhr der zweite fort, «machen genau das, was wir gemacht haben. Wir haben uns zusammengetan – sie legen Geld von vielen Leuten zusammen. Wer Geld braucht, kann es sich dann von der Bank leihen, um sich davon ein Haus zu bauen oder ein Auto zu kaufen. Er braucht nicht jahrelang zu warten, bis er das Geld gespart hat. Daß er Zinsen bezahlen muß, ist klar; aber trotzdem ist er ein Gewinner. Es war dumm von uns, nicht zur Bank zu gehen.»
«Stimmt», nickten seine Freunde, «echt dumm. Als Bauern sollten wir jetzt Kartoffeln anbauen.»
Denn wie sagt doch das Sprichwort?

Die dümmsten Bauern ernten die größten Kartoffeln.

18%
25%
BANK
BAU-
SPAREN
aber
sofort

Lektorat: Jutta Radel

Grafik: Rolf Rettich
Lithos: Photolitho AG, Gossau
Druck: Orell Füssli Graphische Betriebe AG, Zürich
Einband: Eibert AG, Eschenbach
Printed in Switzerland
ISBN 3 280 01641 X